Dr Shikha Gautam

Ferramentas de teste Java e conceitos avançados

Dr Shikha Gautam

Ferramentas de teste Java e conceitos avançados

ScienciaScripts

Cover image: Disponibilizado pelo autor

This book is a translation from the original published under ISBN 978-620-2-31587-6.

Publisher:
Sciencia Scripts
is a trademark of
Dodo Books Indian Ocean Ltd. and OmniScriptum S.R.L publishing group

120 High Road, East Finchley, London, N2 9ED, United Kingdom
Str. Armeneasca 28/1, office 1, Chisinau MD-2012, Republic of Moldova, Europe
Printed at: see last page
ISBN: 978-620-7-87009-7

JAVA E FERRAMENTAS DE TESTE AVANÇADAS DESENHOS

Dr. Shikha Gautam
Professor Assistente
Departamento de Tecnologias da Informação
Instituto Indiano de Tecnologia da Informação, Lucknow (IIIT, Lucknow)
Correio eletrónico: shikhagautam@iiitl.ac.in, shikhagautam90@gmail.com

Conteúdo

1. VISÃO GERAL DAS LINGUAGENS DE PROGRAMAÇÃO

Uma linguagem de programação é uma linguagem formal que inclui um conjunto de instruções e comandos utilizados para gerar diferentes tipos de resultados. As linguagens de programação são utilizadas para criar programas que implementam algoritmos específicos. As linguagens de programação consistem principalmente em instruções para computadores, embora existam máquinas programáveis que utilizam um conjunto restrito de instruções específicas, em vez das linguagens de programação específicas dos computadores actuais. Foram criadas milhares de linguagens de programação diferentes, principalmente no domínio da computação, e muitas mais são criadas todos os anos.

Existem diferentes linguagens de programação utilizadas para desenvolver programas de computador. De acordo com o IEEE Spectrum (31 de julho de 2018), as principais linguagens de programação para 2018 são:

Web | Mobile | Enterprise | Embedded

Language Rank	Types	Spectrum Ranking
1. Python	Web, Enterprise, Embedded	100.0
2. C++	Mobile, Enterprise, Embedded	98.4
3. C	Mobile, Enterprise, Embedded	98.2
4. Java	Web, Mobile, Enterprise	97.5
5. C#	Web, Mobile, Enterprise	89.8
6. PHP	Web	85.4
7. R	Enterprise	83.3
8. JavaScript	Web, Mobile	82.8
9. Go	Web, Enterprise	76.7
10. Assembly	Embedded	74.5

11.	Matlab	73.1
12.	Scala	72.4
13.	Ruby	71.7
14.	HTML	70.7
15.	Arduino	69.4
16.	Shell	66.3
17.	Perl	57.8
18.	Swift	54.4
19.	Processing	53.5
20.	Lua	51.8
21.	Objective-C	51.0
22.	Fortran	50.2
23.	Haskell	49.2
24.	SQL	48.8
25.	VHDL	44.5
26.	Cuda	43.7
27.	Visual Basic	42.7
28.	Rust	42.3
29.	Delphi	42.2
30.	Verilog	41.7
31.	D	41.1
32.	Julia	35.7
33.	Prolog	34.1
34.	Lisp	34.1
35.	LabView	33.3
36.	Clojure	30.5
37.	Erlang	28.9
38.	ABAP	28.0
39.	Cobol	25.3

40.	SAS	25.2
41.	Ada	24.4
42.	TCL	22.7
43.	Scheme	20.0
44.	J	19.1
45.	Ocaml	13.7
46.	Ladder Logic	12.0
47.	Actionscript	1.6
48.	Forth	0.0

Aqui vemos as 48 principais linguagens [1]. Python, C++, C, Java, C#, PHP, R, JavaScript, Go e Assembly figuram no top 10, como mostra a Figura 1. Python reforçou a sua posição no topo. No ano passado, ultrapassou por pouco o C, com o Python a obter 100 pontos e o C 99,7. [th]Mas este ano, o fosso entre o primeiro e o segundo lugar aumentou, com o C++ a obter 98,4 pontos para o segundo lugar (no ano passado, Java estava em terceiro lugar com uma pontuação de 99,4, enquanto este ano caiu para o quarto lugar com uma pontuação de 97,5). A linguagem C subiu para o terceiro lugar, com uma pontuação de 98,2 [2].

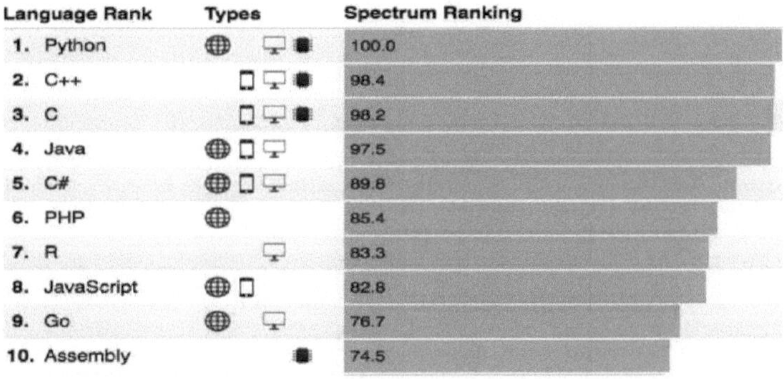

Figura 1: As dez principais linguagens de programação em 2018

C, C++, Java e **Python** são as linguagens mais importantes para desenvolver um programa. **C** é uma linguagem de programação imperativa de uso geral que suporta recursão, variáveis léxicas e programação estruturada. A linguagem C foi desenvolvida por Dennis Ritchie entre 1969 e 1973 nos Bell Labs e foi utilizada para reimplementar o sistema operativo Unix. Foi concebida para promover a programação multiplataformas e existe em muitas plataformas.

Características especiais do C :

- É a sucessora da linguagem B, que foi introduzida no início da década de 1970.
- A linguagem C foi inventada para escrever um sistema operativo chamado UNIX.
- A língua foi reconhecida em 1988 pelo American National Standard Institute (ANSI).
- Atualmente, C é a linguagem de programação de sistemas mais utilizada e popular.
- O sistema operativo UNIX foi escrito inteiramente em C.
- A maior parte do software de ponta foi implementado utilizando a linguagem C.
- O sistema operativo Linux mais popular atualmente e o SGBDR MySQL foram escritos em C.

A linguagem C foi originalmente utilizada para o desenvolvimento de sistemas, em particular os programas que constituem o sistema operativo. A linguagem C foi adoptada como linguagem de desenvolvimento de sistemas porque produz código que corre quase tão depressa como o código escrito em linguagem assembly. Compiladores de linguagens, sistemas operativos, assembladores, spoolers de impressão, editores de texto, controladores de rede, bases de dados, programas modernos, intérpretes de linguagens e utilitários são exemplos da utilização de C [3].

O Perceptive C permite-lhe escrever programas que nunca pensou serem possíveis antes (no mínimo, terá uma visão mais ampla da arquitetura dos computadores e da programação como um todo). O C é a língua franca da programação. Quase todas as linguagens de programação de alto nível, como Java, JavaScript, Python, etc., podem interagir com a programação em C. O C é uma excelente linguagem para comunicar ideias universais de programação. Não importa se a pessoa com quem está a falar não sabe C, pode comunicar a sua ideia de uma forma que ela compreenda. Se precisar de desenvolver uma aplicação móvel, precisa de Java (para Android), Swift e Objective C (para iOS). Existem dezenas de linguagens como PHP, C#, ASP.net, Python e Ruby para desenvolver aplicações Web.

O Python é utilizado para construir uma vasta gama de aplicações. A linguagem C é utilizada para criar Python. Se quiser contribuir para o Python, precisa de saber programação C para trabalhar no interpretador Python, o que tem um impacto em milhões de programadores Python. Grande parte do software que utilizamos atualmente é baseado na linguagem C. Alguns dos projectos de código aberto mais importantes em que a programação C é utilizada incluem o interpretador Python, o kernel Linux e a base de dados SQLite. Outra linguagem normalmente utilizada em grandes projectos de código aberto é o C++. Se souber C e C++, pode contribuir para grandes projectos de fonte aberta que afectam centenas de milhões de pessoas. Muitas linguagens de programação populares baseiam-se em C (e em C++, que é considerado um superconjunto de programação C com características OOP). Linguagens como o C# e o Java estão relacionadas com o C e o C++. Do mesmo modo, a sintaxe do JavaScript e do PHP é semelhante à do C. Se conhece a programação em C e C++, não terá problemas em mudar para outra linguagem.

C++ é uma linguagem de programação multiparadigma, estaticamente tipada e de uso geral que suporta características de programação procedimental, genérica e orientada para objectos (OOP). O C++ foi desenvolvido por Bjarne Stroustrup em 1979 nos Bell Labs como uma melhoria da linguagem C e era anteriormente designado por C com Classes, mas passou a chamar-se C++ em 1983. C++ é um superconjunto de C, e quase todos os programas C legais são programas C++ legais. Diz-se que uma linguagem de programação utiliza tipagem estática quando a verificação de tipos é efectuada em tempo de compilação e não em tempo de execução. O C++ suporta totalmente a programação orientada para objectos, incluindo os quatro pilares do desenvolvimento orientado para objectos: ocultação de dados, encapsulamento, herança e polimorfismo. O C++ suporta uma grande variedade de estilos de programação. Pode escrever ao estilo de C, FORTRAN, Smalltalk, etc. em qualquer linguagem. Cada estilo pode atingir os seus objectivos de forma eficiente, preservando o tempo de execução e a eficiência espacial.

Noções básicas de C++

- O C++ é muito utilizado para escrever controladores de dispositivos e outro software que dependa da gestão direta de hardware sob restrições de tempo real.
- O C++ é utilizado por centenas de milhares de programadores em praticamente todos os domínios de aplicação.

- Qualquer pessoa que tenha utilizado um Apple Macintosh ou um PC com Windows passou a utilizar a linguagem C++, porque as principais interfaces de utilizador destes sistemas são escritas em C++.
- O C++ é largamente utilizado no ensino e na investigação porque é suficientemente flexível para permitir que os conceitos essenciais sejam ensinados com êxito.

O C++ é excecional. Com o C++ a ser utilizado no desenvolvimento de sistemas operativos, jogos modernos, browsers e muito mais, é fácil dizer que o C++ é insubstituível. Muitas aplicações importantes, como o :

- Produtos Adobe, como o Photoshop, Illustrator e InDesign

- Facebook - os sítios de redes sociais são produtos intensamente centrados em C++.

- Amazon - um dos principais sítios de comércio eletrónico do mundo

- Produtos Autodesk para desenho assistido por computador

Além disso, o facto de existir uma enorme comunidade que melhora o C++ a cada iteração significa que se espera que venha a ser ainda mais utilizado no futuro. Embora o C++ seja uma linguagem de nível intermédio, irá escrever código que interage diretamente com o hardware interno do computador. Aprenderá como funciona a memória do computador, como a informação é armazenada, como pode ser recuperada e assim por diante. Irá certamente alargar os seus conhecimentos sobre a arquitetura dos computadores. O Github, a principal plataforma de colaboração de código aberto, tem mais de 600.000 repositórios só para C++. Só este facto prova o valor do C++ na comunidade de código aberto. Quer se trate de aplicações Windows, jogos ou gráficos, pode encontrar toneladas de grandes projectos de código aberto atualmente em grande utilização.

Como não é uma linguagem de alto nível, a aprendizagem de C++ pode ser entediante no início e é necessário estar preparado para passar horas a aprender o básico. As opiniões divergem quanto ao facto de se dever ou não aprender C antes de C++. Na minha opinião, não é essencial. Pode estabelecer-se facilmente com C++ e, se já souber C, terá uma vantagem inicial na aprendizagem de C++, uma vez que têm atributos semelhantes, como a sintaxe e a semântica [4].

A linguagem de programação **Java foi** desenvolvida pela Sun Microsystems por iniciativa de James Gosling e publicada em 1995. Java é uma linguagem de programação simples, OOP, robusta, portátil e segura que oferece aos programadores a possibilidade de escrever uma vez, executar em qualquer lugar (WORA), o que significa que o código Java compilado pode ser executado em qualquer plataforma que suporte Java sem recompilação. As primeiras versões de Java foram criticadas por serem lentas. Atualmente, as coisas mudaram completamente. As novas JVMs são consideravelmente mais rápidas. Além disso, a CPU que executa a JVM está a tornar-se cada vez mais potente. Atualmente, Java é uma das linguagens de programação mais rápidas. O código Java bem optimizado é quase tão rápido como as linguagens de nível inferior, como C e C++, e muito mais rápido do que Python, PHP, etc.

A plataforma Java oferece várias funcionalidades de segurança para as aplicações Java. Eis algumas das funcionalidades de alto nível geridas por Java :

- Fornece uma plataforma segura para desenvolver e executar aplicações

- Gestão automática da memória, reduzindo a corrupção de memória e as vulnerabilidades
- Garante a segurança das comunicações, protegendo a integridade e a confidencialidade dos dados transmitidos.

Uma das razões pelas quais Java é tão amplamente utilizado é a disponibilidade de uma vasta biblioteca padrão. O ambiente Java inclui centenas de classes e métodos agrupados em pacotes especiais para ajudar os programadores de software. Eis um exemplo:

- java.lang - para funções avançadas de cadeia e matriz, etc.
- java.io - para entrada/saída de ficheiros, tratamento de excepções, etc.
- java.util - para estruturas de dados, expressões regulares, funções de data e hora, etc.

Java é uma linguagem de alto nível e uma plataforma exclusivamente de software. Funciona em mais de 50 milhões de computadores pessoais e em milhares de milhões de dispositivos em todo o mundo.
9 milhões de programadores criaram aplicações Java em todos os principais sectores de atividade.

Os dois principais componentes da plataforma Java são a Interface de Programação de Aplicações (API) Java, que é uma biblioteca de linhas de comando Java, e a Máquina Virtual Java (JVM), que interpreta o código Java em linguagem de máquina. A mesma aplicação pode ser executada em várias plataformas.

Java é extremamente popular e tem dominado este domínio desde o início dos anos 2000 até hoje, em 2018. O Java tem sido utilizado em muitos domínios de aplicação diferentes. Algumas delas são enumeradas a seguir:

- Tecnologia da informação: Java foi concebida para resolver as dependências de implementação.
    - Banca: Gestão de transacções.
- Retalho: As aplicações de faturação que vê numa loja/restaurante são escritas inteiramente em Java.
    - Serviços financeiros: Utilizados em aplicações do lado do servidor.
    - Android: As aplicações são escritas em Java ou utilizam a API Java.
    - Big Data: A estrutura MapReduce do Hadoop é escrita em Java.
- Mercado de acções: Registar algoritmos para saber em que empresas investir.
- Comunidade científica e de investigação: tratamento de grandes quantidades de dados.

Tem a capacidade de se adaptar a um ambiente em constante mudança e suporta a atribuição dinâmica de memória, o que reduz o consumo de memória e aumenta o desempenho das aplicações. Java atinge um elevado desempenho através da utilização de código de bytes que pode ser facilmente traduzido em código de máquina nativo. Graças à utilização de compiladores JIT (Just in Time), Java pode atingir um elevado desempenho. A idade e a popularidade de Java significam que a maioria dos programadores já se deparou com ela numa altura ou noutra. Dada esta enorme base de utilizadores, é de esperar que haja diferenças de opinião sobre se Java ainda é importante. Os programadores parecem estar a explorar outras opções para além de Java. De acordo com o Índice TIOBE (setembro de 2016), a popularidade de Java como linguagem de programação está a diminuir. No entanto, continua a ser a linguagem mais utilizada, ultrapassando o .NET e mantendo o primeiro lugar dos anos anteriores.

Apesar da sua longa história, Java não é uma linguagem de programação hereditária. A utilização extensiva do Maven, a ferramenta para construir projectos baseados em Java, está a destruir a teoria de que Java está ultrapassada. Embora exista uma variedade de ferramentas de implementação no mercado, o Apache Maven é, de longe, uma das maiores ferramentas de automatização que os programadores utilizam para implementar aplicações de software. Com o compromisso da Oracle para com Java a longo prazo, não é difícil perceber por que razão Java continuará a fazer parte das linguagens de programação nos próximos anos e continuará a ser a linguagem de programação de eleição. Em 2017, será lançada a oitava versão de Java - Java EE 8. Apesar das melhorias possíveis e do perigo representado pelas linguagens de programação rivais, como o .NET, o Java veio para ficar. A Oracle prevê o lançamento de uma nova versão no início de 2017, com novas funcionalidades úteis que serão muito procuradas pelos programadores.

A multiplicidade de pontos fortes de Java como linguagem de programação significa que a sua utilização no mundo digital só vai aumentar. O Java 9 foi lançado em 21 de setembro de 2017 e o Java 10 em 20 de março de 2018. Uma linguagem concebida pela natureza para ser fácil de utilizar provou ser funcional e segura durante mais de duas décadas. Os programadores que compreendem as mudanças tecnológicas também podem ter a certeza de que a linguagem Java, testada e comprovada, ocupará sempre um lugar importante no seu conjunto de ferramentas [5].

A Python foi desenvolvida por Guido van Rossum em 1991 no Instituto Nacional de Investigação em Matemática e Informática dos Países Baixos.

Python é uma linguagem de programação dinâmica, multiparadigmática, funcional, imperativa, OO, estruturada, procedimental e de uso geral, que dá ênfase à legibilidade do código e permite aos programadores utilizar menos linhas de código, ao contrário de C++ e Java. Python é muito fácil de utilizar para os principiantes. A sintaxe (palavras e estrutura) é excecionalmente fácil de ler e seguir, e a maioria dos elementos pode ser compreendida mesmo que não se tenha conhecimentos de programação.

Programar em Python é divertido. É mais fácil compreender e escrever código Python. Não é necessário definir o tipo de uma variável em Python. Também não é necessário adicionar um ponto e vírgula no final da declaração. Python exige que siga boas práticas (como a indentação correcta). Estas pequenas coisas podem tornar a aprendizagem muito mais fácil para os principiantes. Python permite-lhe escrever programas com maior funcionalidade com menos linhas de código. Ficarás surpreendido com o que podes fazer com Python depois de aprenderes o básico.

Python tem muito apoio da comunidade. Existem muitos fóruns online activos que podem ser úteis se tiveres dificuldades. Aqui estão apenas alguns:

- Aprender Python subreddit
- Fórum Google para Python
- Perguntas sobre Python - Stack Overflow

Python é uma linguagem de programação totalmente funcional que pode fazer praticamente tudo o que qualquer outra linguagem pode fazer, a velocidades comparáveis. Como qualquer outra linguagem, Python pode lidar com threads e processamento de GPU. A maioria dos módulos de processamento de dados são essencialmente invólucros Python em torno de código C e C++. Os módulos são código Python pré-escrito que é importado para o seu programa Python. Como há muitas tarefas que as pessoas fazem rotineiramente, temos módulos que as pessoas escreveram que fazem essas tarefas por si, e fazem-nas rotineiramente da forma mais limpa e eficiente possível.

Por vezes, as pessoas falam de DRY (Don't Repeat Yourself). Significa Don't Repeat Yourself, que muitas vezes se traduz em Don't Repeat Someone Else. A expressão "wrapper" significa que alguém colocou código Python noutra linguagem, como um wrapper. Assim, quando se tem um wrapper Python em torno de código C++, alguém escreveu código Python que interage com a linguagem C++. Isto permite-lhe utilizar diferentes aspectos da linguagem envolvida, neste caso C++, sem ter de conhecer ou compreender essa linguagem. Desta forma, o Python pode ser utilizado para efetuar análises de dados, criar jogos, interfaces gráficas de utilizador, controlar robôs e hardware, ou mesmo criar sítios Web. GUI significa graphical user interface (interface gráfica do utilizador) e é utilizada para explicar um programa que incorpora gráficos para tornar o programa mais interativo para o utilizador. 99% do código que lhe permite aceder a esta página é, na realidade, código Python! [6].

O quadro 1 apresenta uma panorâmica destas linguagens de programação. A Tabela 1 também caracteriza e compara todas estas linguagens de programação utilizando elementos essenciais como: a data de disponibilidade destes programas, o objetivo, o paradigma de programação, as características, o campo de aplicação, a versão estável, as desvantagens, a extensão do ficheiro e a estrutura Web destas linguagens, a plataforma necessária para executar uma determinada linguagem e a forma como a linguagem é executada [7-12].

Quadro 1: Panorama das linguagens de programação

Contexto	C	C++	**Java**	**Python**

Sobre o nome e o objetivo inicial	Concebida por Dennis Ritchie e utilizada para reimplementar o sistema operativo Unix.	Concebido por Bjarne Stroustrup, o "C with Classes" adicionou uma série de funcionalidades ao compilador C	Especificações desenvolvidas por James Gosling e Sun Microsystems, que mais tarde foi adquirida pela Oracle, nome dado ao café Java criado para a televisão interactiva.	Concebido por Guidovan Rossum, em homenagem a Monty Python, criada como uma linguagem de script para colmatar o fosso entre e C
Apparu	1972	1983	1995	1991
Paradigma	Imperativo (processo dural), estruturado	Múltiplos paradigmas (processual, funcional, orientado para os objectos, genérico)	Estilo imperativo, estruturado, orientado para os objectos e funcional	Múltiplos paradigmas (orientado para objectos, imperativo, funcional, processual, reflexivo)
Princípios linguísticos	Suscetível a falhas, portátil, flexível, modular, rápido, sensível a rupturas	Linguagem dependente da plataforma, sensível a maiúsculas e minúsculas, OOP, velocidade, utilização eficiente de apontadores	Robusto, seguro, portátil para ser executado em qualquer lugar, de alto desempenho, multithreading para competição, dinâmico, OOP, independente de plataforma.	Legibilidade, explicitação, OOP, espaços de nomes, delimitação de variáveis, tratamento de excepções
Utilizado para criar	Situações de programação científica, aplicações informáticas, software incorporado, sistemas operativos, gráficos e jogos	Jogos, aplicações de escritório, gráficos, editores de vídeo, sistemas operativos e interface gráfica do utilizador (GUI)	Androidapps , grandes sítios Web, dispositivos incorporados, telemóveis, servidores de empresas e supercomputadores	Scripts matemáticos, sítios Web, jogos, computação científica, Web e Internet desenvolvimento

Versão estável	C11, dezembro 2011	ISO/IEC 14882:2017 1 de dezembro de 2017	Java 8 janeiro de 2017, Java 9 publicado em 21 de setembro 2017, e Java 10 publicado em 20 de março de 2018	Python 3.6.4 em 16 de dezembro de 2017, Python 2.7.14 em 16 de setembro de 2017 e 3.7.0 / 27 de junho de 2018 ; 24 dias atrás
Utilizado nomeadamente por	Telemóvel (iOS, andróidee windows phone), bases de dados (Oracle, MySQL), 3D filmes	Software de alto desempenho, programação com recursos limitados, software em grande escala infra-estruturas de software, ambiente com restrições energéticas (móvel e nuvem)	Grandes empresas, bancos, comércio eletrónico, Google	Universidades, jogos, empresas em fase de arranque, Google
Característica única	Robusto, comportamento indefinido, fácil de alargar	Linguagem bem estruturada, bibliotecas padrão, classes, portabilidade	Bem optimizado JavaVirtual Machine (JVM) para execução de código, simples e seguro, compatibilidade, resíduos coleção	Compreensão de listas para criar listas com base noutras listas, interpretador interativo (REPL), a indentação é importante, geradores e rotinas
Sistema operativo (SO)	Plataforma cruzada	Plataforma cruzada	Windows, Solaris, Linux, OS X	Plataforma cruzada

Contras	Funcionalidade OOP não suportada, sem verificação em tempo de execução, sem tipo estrito controlo	Complexo, inseguro, difícil de depuração, não consegue lidar com a recolha de lixo, pode ser complicado	As regras estritas permitem a deteção de erros, mas reduzem a flexibilidade e a concisão, requer mais do que outros, primitivos	Um pouco lento, a utilização de espaços brancos é agradável, mas pode causar problemas de segurança. problemas ocasionais, separação de linguagens entre Python 2 e 3
Extensões de nomes de ficheiros	.c, .h	.cc, .cpp, .cxx, .C, .c++, .h, .hh, .hpp, .hxx, .h++	.java, .jar	.py, .pyc, . pyd, .pyo
Como é que a língua é executada	Pré-processamento, compilação, montagem, ligação, carregamento	Pré-processamento, compilação, montagem, ligação, carregamento	Compilado para execução na JVM, para que possa escrever uma vez e executar. em qualquer lugar	Geralmente funcionam com CPython, o implementação oficial do Python escrita em C
Topweb moldura	Kore, Raphters	Tntnet, Poco	SpringMVC , Faísca	Django, web2py
Mundo Amarelo programa	#include <stdio.h> main () { printf("Olá mundo") ; }	#include <iostream> main() { std::cout <<"Olá mundo\n" ;	class Hello { public static void main(String[] args) { System.out.println ("Olá mundo") ; } }	print("Olá mundo")

A secção 2 descreve os testes de software. A secção 3 explica as ferramentas de ensaio de software. A secção 4 analisa a necessidade de ferramentas de ensaio de software. Na Secção 5, é explicada a análise das ferramentas de teste Java. A Secção 6 conclui o livro.

2. ENSAIO DE SOFTWARE

O teste de software é o processo de execução de um programa ou aplicação para detetar erros ou a qualidade do produto. O teste de software é efectuado quando existe software executável. Os testes são utilizados para encontrar erros e corrigi-los, a fim de apoiar e melhorar a qualidade do software. Os testes verificam o que todas as funções do software devem fazer e também verificam se o software não faz o que não é suposto fazer. Os testes de software envolvem a execução de um componente de software para avaliar uma ou mais propriedades de interesse. Estas propriedades indicam a cobertura do componente ou sistema que está a ser testado:

- Satisfaz os requisitos que orientaram a sua conceção e desenvolvimento,
- Responde corretamente a todos os tipos de entrada,
- Desempenha as suas funções dentro de um prazo satisfatório,
- É suficientemente utilizável,
- podem ser instalados e utilizados nos ambientes previstos, e
- Alcança o resultado global desejado pelas partes interessadas.

Um dos principais objectivos dos testes é detetar falhas de software para que os defeitos possam ser identificados e corrigidos. Os testes não podem garantir que um produto funcione corretamente em todas as condições, mas apenas que não funcionará corretamente em determinadas condições. O âmbito dos testes de software inclui frequentemente o exame do código do software e a execução desse código em vários ambientes e condições, bem como o exame de aspectos do código: faz o que é teoricamente suposto fazer e faz o que é suposto fazer? Nas tradições actuais de desenvolvimento de software, uma organização de testes de software pode estar separada da equipa de desenvolvimento. Os membros da equipa de testes desempenham papéis diferentes. As informações obtidas com os testes de software podem ser utilizadas para melhorar o processo de desenvolvimento de software [13].

Existem diferentes tipos de testes de software. As revisões, as passagens e as inspecções são testes estáticos, enquanto a execução do código programado com um determinado conjunto de casos de teste é designada por teste dinâmico. Os métodos de teste de software dividem-se em testes de caixa branca e testes de caixa preta. Existem quatro níveis de teste: teste de unidade, teste de integração, teste de interface de componente e teste de sistema. Os testes estáticos são frequentemente inerentes à revisão de provas, em que as ferramentas de programação, os editores de texto verificam a estrutura do código-fonte ou os compiladores (pré-compiladores) verificam a sintaxe e o fluxo de dados como uma análise estática do programa. O teste dinâmico tem lugar quando o programa é executado. Os testes dinâmicos podem começar antes de o programa estar 100% completo para testar secções específicas do código-fonte e são aplicados a funções ou módulos discretos. As técnicas típicas para este efeito são a utilização de stubs, controladores ou a execução a partir de um ambiente de depuração. Os testes estáticos envolvem verificação, enquanto os testes dinâmicos também envolvem validação.

O teste de software é um processo mais difícil devido à grande variedade de linguagens de programação, sistemas operativos e plataformas de hardware que evoluíram. Um problema básico dos testes de software é o facto de não ser possível testar todas as combinações de entradas e condições prévias (estado inicial), mesmo com um produto simples. Isto significa que o número de defeitos num produto de software pode ser extremamente grande e que os defeitos que ocorrem com pouca frequência são difíceis de encontrar nos testes. Em termos mais gerais, as dimensões não funcionais da qualidade (o que o produto é suposto ser versus o que é suposto fazer), escalabilidade, usabilidade, desempenho, fiabilidade e compatibilidade podem ser muito subjectivas - algo que é um valor satisfatório para uma pessoa pode ser insuportável para outra [14].

O teste é uma fase importante da qualidade do software. Os testes apoiam a qualidade através da execução do código do software e da deteção de erros. De um modo geral, os testes dividem-se em três categorias, como se mostra na Tabela 2.

1. Ensaios funcionais
2. Ensaios não funcionais ou de desempenho
3. Manutenção

Tabela 2: Classificação dos testes de software

Categoria de teste	Tipos de testes
Ensaios funcionais	Testes unitários UAT (Teste de aceitação do utilizador) Testes de integração Localização Interoperabilidade Globalização
Não funcional Testes	Desempenho Carga Flexibilidade Volume Funcionalidade Escalabilidade Facilidade de utilização

Manutenção	Regressão Manutenção

O teste de software é importante porque os erros e bugs de software podem ser graves e até perigosos. Os erros de software podem potencialmente causar perdas financeiras e humanas, e a história está cheia de exemplos disso.

- Em abril de 2015, o terminal da Bloomberg em Londres caiu devido a um problema de software que afectou mais de 300.000 operadores do mercado financeiro. Isto obrigou o governo a adiar uma venda de dívida de 3 mil milhões de libras.
- A Starbucks foi obrigada a encerrar cerca de 60% das suas lojas nos EUA e no Canadá devido a uma falha de software no seu sistema de ponto de venda. A certa altura, as lojas serviram café gratuito porque não conseguiam processar a transação.
- Os automóveis Nissan vão ser retirados do mercado devido a uma falha de software nos sensores sensoriais dos airbags. Foram registados dois acidentes em consequência desta falha de software.
- Alguns dos retalhistas terceiros da Amazon viram o preço dos seus produtos baixar para 1p devido a um erro de software. Sofreram grandes prejuízos.
- Em 2015, o caça F-35 sofreu um erro de software que o impediu de detetar corretamente os alvos.
- Vulnerabilidade no Windows 10. Este bug permite que os utilizadores escapem às sandboxes de segurança graças a uma falha no sistema win32k.
- Em abril de 1999, um erro de software provocou a avaria de um satélite militar no valor de 1,2 mil milhões de dólares, dando origem ao acidente mais dispendioso da história.

- Em maio de 1996, um erro de software permitiu que as contas bancárias de 823 clientes de um grande banco americano fossem creditadas com 920 milhões de dólares americanos.
- Em 26 de abril de 1994, o Airbus A300 da China Airlines avariou-se devido a um erro de software, matando 264 pessoas inocentes.
- Em 1985, a máquina de radioterapia Therac-25 do Canadá avariou devido a um erro de software e administrou doses letais de radiação aos pacientes, resultando em 3 mortes e 3 ferimentos graves.

Um software bem testado significa uma utilização eficiente dos recursos, o que se traduz em custos mais baixos. Um software exaustivamente testado garante um funcionamento fiável e de elevado desempenho. Java é uma linguagem de programação orientada para os objectos (OOP) que é relacionável e muito mais fácil de utilizar, o que a torna mais flexível, modular, estável, escalável, robusta, segura e extensível. Por conseguinte, escolhemos a ferramenta de teste de programação Java para a comparação [15-16].

3. FERRAMENTAS DE TESTE DE SOFTWARE

Uma ferramenta de teste de software que mede um aspeto importante do software pode também ter alguns efeitos secundários inesperados nesse software. Do ponto de vista do teste de software, as ferramentas podem ser definidas como um produto que apoia uma ou mais actividades de teste, desde o planeamento, requisitos, criação de versões, execução de testes, registo de defeitos e análise de testes. Para desenvolver software, são utilizadas diferentes linguagens de programação, como C, C++, Java e Python. Para testar o software, são utilizadas diferentes ferramentas de teste, em função das necessidades e dos objectivos. O teste de software e a deteção de erros podem ser grandemente facilitados por ferramentas de teste e depuradores. As ferramentas de teste de software incluem funções como

- Os monitores de programas permitem o controlo total ou parcial do código do programa, incluindo :

  - simulador de conjunto de instruções, para controlo completo do nível de instrução e das funções de rastreio

- Hipervisor que permite o controlo total da execução do código do programa, incluindo:- código informático.

  - Animação do programa, permitindo a execução passo a passo, e ponto de paragem condicional ao nível do código fonte ou do código de máquina.

    - Relatórios de cobertura de código

- Dump formatado ou depuração simbólica, ferramentas para inspecionar as variáveis de um programa em caso de erro ou em pontos seleccionados.

- As ferramentas de teste automatizadas da interface gráfica do utilizador (GUI) são utilizadas para reproduzir os testes ao nível do sistema através da

GUI.

- Análise do desempenho (ou ferramentas de definição de perfis) para destacar os pontos críticos e a utilização das fontes.
- benchmarks para comparar o desempenho durante a execução
- Algumas destas características podem ser incorporadas numa única ferramenta composta ou num ambiente de desenvolvimento integrado (IDE).

Cada ferramenta de teste tem as suas próprias propriedades e importância para testar produtos de software:

1. Ferramenta de teste C e C++

O Embunit é uma ferramenta de teste unitário concebida para programadores e testadores testarem software em C ou C++. O Embunit gera automaticamente o código-fonte dos testes unitários. A Embunit elimina os aspectos mundanos e repetitivos da escrita de testes unitários, deixando-o livre para se concentrar na definição do comportamento do teste. Isto é conseguido através da especificação de uma série de acções. O Embunit foi desenvolvido com a flexibilidade em mente e pode ser personalizado para criar testes unitários para praticamente qualquer plataforma de hardware. Não está ligado a um conjunto de ferramentas específico e foi concebido para acomodar as limitações comuns dos compiladores C++ incorporados. O Embunit é diferente da maioria das ferramentas e estruturas de teste unitário, pois os testes unitários são implementados usando um conjunto incrivelmente simples de construções de linguagem. Por exemplo, não são utilizadas funções da biblioteca padrão e as excepções C++ podem ser desactivadas, se necessário. Isto torna-o uma ferramenta perfeita para pequenos sistemas incorporados que se caracterizam por restrições rigorosas em termos de código e espaço de memória. Além disso, não é necessário escrever código. Os testes são especificados sob a forma de uma lista de acções e o código-fonte é gerado automaticamente. Só tem de escrever código se precisar, ou se o apagar um pouco, caso em que o Embunit tem um mecanismo de contexto útil que permite ao seu código saber o que está a acontecer a todo o momento.

Principais características num relance :

- Criar testes de integração, regressão, caixa negra e caixa branca.
- Geração automática de código-fonte de teste unitário em C ou C++
- Totalmente compatível com compiladores C++ incorporados
- Personalizar os relatórios sobre os resultados dos testes de acordo com o ambiente de hardware
- Organização simples dos casos de teste [17-18].

O VectorCAST/C++ é uma solução de integração e teste de unidades altamente automatizada utilizada por programadores de sistemas incorporados para validar sistemas incorporados críticos para a segurança e para a atividade. Esta solução de teste dinâmico é normalmente utilizada nos sectores dos dispositivos médicos, aviónica, automóvel, ferroviário, controlos industriais e financeiro.

- Pode ser utilizado para aplicações novas ou existentes
- A facilidade de utilização significa que as indústrias não regulamentadas podem compreender as vantagens dos testes unitários em C e C++.
- Os testes de desenvolvimento são uma tecnologia racionalizada e reprodutível.

- Passar os testes de um processo manual para uma abordagem de engenharia rigorosa

- Economia de custos comprovada graças à criação automatizada de uma estrutura para isolar o código recém-desenvolvido.

As principais características do VectorCAST para testes unitários e de integração em C e C++ são as seguintes

- Desenvolvimento completo de um conjunto de testes para testes unitários e de integração em C e C++ - não é necessário escrever código de teste

    - O código do stub e do driver é construído automaticamente

    - Executar testes a partir de uma interface gráfica ou utilizando scripts

- Análise de cobertura de código com otimização para sistemas incorporados

- ®Integrações com The MathWorks® Simulink®, IBM® Rational® DOORS® IBM® Rational® Rhapsody®, Green Hills® INTEGRITY , PC Lint e outras ferramentas.

    - Execução de testes de objetivo e de simulador

    - A análise da complexidade do código destaca o código de alto risco

    - Geração automática de casos de teste com base em caminhos de decisão

- As principais ferramentas de análise estática incorporam a reprodução da execução de testes para ajudar na depuração.

O VectorCAST/C++ também gera métricas de cobertura de código que especificam as áreas do código que está a testar e que ainda não foram testadas. O visualizador de cobertura de código de fácil leitura mostra até à linha de código onde os testes ainda não foram efectuados e pode manter os diferentes níveis de cobertura especificados em várias normas industriais, tais como: IEC 62304, DO- 178B/C, ISO 26262 e IEC 61508 [19].

O CppTest é uma estrutura de testes unitários portátil, poderosa e simples para testes automatizados em C++. O seu principal objetivo é a facilidade de utilização e a extensibilidade. A ferramenta CppTest é um protótipo semi-automático desenvolvido em 2007 com uma capacidade de teste de três níveis:

- Ensaios estruturais do método

- Testes a nível de classes baseados no estado através da modelação do comportamento de transição de estados utilizando uma máquina de estados finitos alargada (EFSM)

Testes de caixa negra a nível do sistema com algumas estratégias tradicionais.

Durante a fase de depuração, o sistema protótipo pode efetuar análises de agrupamento em execuções com falhas e ilustrar relativamente poucas execuções de teste representativas para o diagnóstico direto do programa. As principais vantagens do CppTest incluem: (1) suporte de testes a vários níveis, (2) automatização e visualização avançadas, (3) gestão de projectos de teste e (4) escalabilidade favorável. São suportados vários formatos de saída e novos formatos são facilmente adicionados. Cada teste deve ser criado e executado num conjunto de testes, que deve ser derivado do conjunto de testes. A função de teste deve devolver um valor nulo e não receber parâmetros [20].

Há 10 anos, Daniel Marjamaki desenvolveu **o Cppcheck, uma** ferramenta versátil para verificar código não-padrão. O Cppcheck é uma ferramenta de análise estática para código C e C++. Ao contrário dos compiladores C e C++

e de muitas outras ferramentas de análise, não detecta erros de sintaxe no código. O Cppcheck detecta principalmente os tipos de erros que os compiladores normalmente não detectam. O objetivo é detetar apenas erros reais no código.

Características

O Cppcheck suporta uma grande variedade de verificações estáticas que podem não ser cobertas pelo próprio compilador. Estas verificações são verificações de análise estática que podem ser efectuadas ao nível do código fonte. O programa é orientado para verificações de análise estática que são precisas, em vez de heurísticas por natureza. Aqui estão algumas das verificações suportadas:

- Verificação automática das variáveis
- Verificação de limites para ultrapassagens de tabela
- Verificação das classes (por exemplo, funções não utilizadas, inicialização de variáveis e duplicação de memória)
- Verificar a segurança das excepções, por exemplo: utilizar a atribuição de memória e verificar os destruidores
- Fugas de memória, por exemplo, devido à perda de espaço sem desalocação
- Utilização de funções obsoletas ou substituídas de acordo com o Open Group
- Utilização incorrecta de funções e expressões idiomáticas na biblioteca de modelos padrão
- Fugas de recursos, por exemplo, se se esquecer de fechar um identificador de ficheiro

- Vários erros de estilo e de desempenho

Tal como acontece com outros programas de análise, existem muitos casos invulgares de expressões idiomáticas de programação que podem ser aceitáveis em casos-alvo específicos, ou fora do âmbito do programador para corrigir o código-fonte. Um estudo realizado em março de 2009 identificou certas áreas onde o cppcheck encontrou falsos positivos, mas não indicou a versão do programa examinada. O cppcheck foi identificado para aplicação em sistemas como o pacote de meta-análise 4DSOFT do CERN, software de monitorização de sistemas para radiotelescópios, bem como para análise de erros de grandes projectos, como o OpenOffice.org e o arquivo Debian, e para verificação de código nos dispositivos de leitura de detectores de partículas de alta energia.

O Cppcheck não foi concebido para identificar erros de sintaxe no código fonte. Em vez disso, foi concebido para identificar erros de programação no código, o que o distingue dos compiladores que verificam mais os erros de sintaxe.

O Cppcheck tenta evitar falsos positivos. Por vezes as pessoas querem apanhar todos os erros mesmo que haja muitos falsos alertas, por exemplo quando estão a trabalhar numa versão e querem confirmar que não há erros. Uma ferramenta muito mais barulhenta que o Cppcheck pode ser uma excelente adição.

Mesmo as ferramentas que têm os mesmos objectivos de conceção que o Cppcheck serão provavelmente bons complementos. A análise estática é um campo tão vasto que o Cppcheck cobre apenas uma pequena parte dele. Nenhuma ferramenta cobre toda a área. Hoje em dia, todos os testes manuais estarão desactualizados devido a uma ferramenta que está incrivelmente longe [21].

O TILO é uma ferramenta de teste unitário automatizado para C e C++, concebida para ajudar os programadores a criar e executar testes unitários. Os testes unitários devem ser codificados, não escritos, e são executados automaticamente pela ferramenta. Esta ferramenta é geralmente escrita em C# e um módulo é escrito em C++. O módulo C++ fornece uma interface entre a DLL nativa do Windows e o código C# gerenciado.

Módulos

A aplicação é composta por quatro módulos. Estes módulos são os seguintes

- InvokeHelper, uma DLL escrita em C++ cujo objetivo é fornecer uma interface entre DLLs nativas e código gerido C#.
- GUI, um conjunto de formulários executáveis em C# para Windows.
- TestingBusiness, um conjunto C# que contém classes para apoiar o processo de teste.
- Loader, um assembly C# que gere o processo de carregamento de projectos a partir do disco, guardando-os, etc.

Um projeto designa uma ou mais DLLs a serem testadas. Os projectos são armazenados no disco em formato XML [22].

2. Ferramenta de teste Java

Em 1987, cinco licenciados do Instituto de Tecnologia da Califórnia que tinham trabalhado no Caltech Cosmic Cube fundaram a Parasoft Corporation. **A Parasoft é uma** ferramenta de análise estática para prevenir defeitos e expor vulnerabilidades. Automatiza uma série de práticas de prevenção de defeitos para as linguagens C, C++, Java e .NET. É utilizada principalmente para segurança, fiabilidade, desempenho e manutenção. A tecnologia original de testes unitários foi alargada para incluir a análise da cobertura do código, os testes de regressão e a rastreabilidade. Os testes de integração, os testes de

API, os testes de carga, os testes de penetração e os testes de sistema são automatizados.

O Parasoft C/C++test é uma ferramenta de teste de software abrangente que contém funcionalidades para testar e localizar defeitos de software. Inclui a funcionalidade de análise de código estático com mais de 2.000 regras para manter os principais padrões de software de segurança crítica, como MISRA, UL-2900, JSF, CWE e CERT. Também inclui metrologia de software, geração e execução de testes unitários e análise de cobertura de código. O C/C++test integra-se com o Parasoft DTP para fornecer relatórios e análises abrangentes para o desenvolvimento de software, particularmente para sistemas e dispositivos críticos de segurança incorporados.

O Parasoft Jtest é uma ferramenta de análise estática e de teste de unidade para Java que a Parasoft começou a enviar em 1997. Jtest tem mais de 1100 regras de codificação que suportam os principais padrões, como OWASP Top 10, JSF, CWE, PCI-DSS e UL- 2900.

O Jtest funciona como um produto autónomo através de um plugin Eclipse ou Visual Studio. Ele também pode ser executado como uma ferramenta de linha de comando e por meio de um mecanismo leve que pode ser usado em sistemas de Integração Contínua (CI), como o Jenkins, para testes contínuos. O Jtest se integra ao Parasoft DTP para relatórios e análises abrangentes, incluindo relatórios específicos do setor, como OWASP e CWE.

O Jtest tem um assistente de teste unitário (UTA) chamado UTA que ajuda a criar testes unitários, incluindo suporte para mocks e stubs. Também se integra com aplicações em execução para ajudar a criar testes significativos e dá conselhos sobre como alargar e melhorar os testes existentes [23].

Judy é uma ferramenta de teste de mutação para Java. Judy detecta classes, testes e bibliotecas através da análise do conteúdo dos ficheiros. Os caminhos das classes são calculados automaticamente a partir dos ficheiros encontrados. No entanto, para alargar a gama de operadores de mutação a operadores intra-classe, inter-método e inter-classe, as técnicas de manipulação de meta-mutantes e de código-fonte implementadas no Judy teriam de ser combinadas com outros mecanismos. Judy é uma implementação da abordagem FAMTA Light (fast aspect-oriented mutation testing algorithm) desenvolvida em Java com extensões AspectJ. O FAMTA Light é uma nova abordagem aos testes de mutação inspirada na necessidade de uma ferramenta de testes de mutação eficiente e fiável para utilização em projectos reais. Esta abordagem é baseada no mecanismo de pontos de corte e dicas, que permite a definição de pontos únicos no fluxo do programa (quando um método é executado, um construtor é invocado e o valor de um campo de classe é alterado) chamados pontos de corte e métodos relacionados chamados dicas que podem ser invocados antes, depois ou em vez de um ponto de corte definido.

O principal ponto forte do mecanismo é o seu suporte para expressões regulares, que permite definir um comportamento semelhante para tipos específicos de eventos. Isto proporciona soluções muito eficazes para alguns problemas comuns de programação, conhecidos como preocupações transversais, como o registo ou a gestão de transacções. As principais características do Judy são: elevado desempenho do processo de teste de mutação, mecanismo avançado de geração de mutação (o Judy suporta 16 operadores de mutação predefinidos), automatização total do processo de teste de mutação (tornando a ferramenta útil em ambientes de construção automatizados comuns em projectos industriais e de código aberto), integração com ferramentas profissionais de ambiente de desenvolvimento, suporte para a versão mais recente do Java (as versões Java suportadas são:

1.3, 1.4, 5.0, 6.0), e a capacidade de executar testes de mutação nos sistemas Java ou componentes de software mais recentes [24].

CMTJava é uma ferramenta de medição de complexidade de código fácil de usar para Java. Foi concebida para organizações de desenvolvimento de software maduras que procuram um processo de desenvolvimento produtivo que resulte em produtos de alta qualidade. Com base nas propriedades estáticas do código do programa, o CMT++ e o CMTJava avaliam o risco de erro no código-fonte do programa de acordo com a sua complexidade, o tempo necessário para reconhecer o código, o volume lógico do código, etc. Como a equipa do projeto não tem geralmente tempo para inspecionar todo o código produzido pelo projeto, o CMT++/CMTJava pode ajudar a localizar os módulos com maior probabilidade de causar problemas no futuro.

O Testwell CMT++ e o Testwell CMTJava podem ser utilizados para medir a qualidade do código. Isto é de particular interesse para as empresas que subcontratam o desenvolvimento de software. Os subcontratantes podem verificar a qualidade do seu código com o Testwell CMT++/CMTJava. A ferramenta de medição da complexidade do código Testwell CMT++ (para C, C++ e C#) e Testwell CMTJava (para Java) permite poupar custos e evitar a corrosão do software. Por este motivo, vários

(como a ISO 26262) implicam a aplicação de um código menos complexo [25].

O SonarQube (anteriormente Sonar) é uma plataforma de código aberto desenvolvida pela SonarSource para inspeção contínua da qualidade do código. Efectua revisões automáticas com análise de código estático para detetar erros, códigos mal cheirosos e vulnerabilidades de segurança em mais de 20 linguagens de programação. O SonarQube fornece relatórios sobre código duplicado, testes unitários, padrões de codificação, cobertura de código, comentários, bugs, complexidade de código e vulnerabilidades de segurança. O SonarQube pode registar o histórico de medições e fornece gráficos de tendências. O SonarQube fornece análise totalmente automatizada e integração com Ant, Maven, Gradle, MSBuild e ferramentas de integração contínua (Atlassian Bamboo, Jenkins, Hudson, etc.).

O SonarQube recolhe e analisa o código fonte, mede a qualidade e fornece relatórios para projectos de software. Combina ferramentas de análise estática e dinâmica e permite que a qualidade seja medida continuamente ao longo do tempo. O SonarQube, embora capaz de medir com precisão a dívida técnica, pode não refletir com exatidão a dívida técnica de um sistema. É apenas uma ferramenta entre outras para avaliar a dívida técnica. O SonarQube suporta as seguintes linguagens de programação: Java (incluindo Android), C/C++, C#, PHP, Python, JavaScript, COBOL, PL/I, ABAP, PL/SQL, VB.NET, Web, VB6, RPG, Flex, Objective-C, Swift e XML. Alguns deles só estão disponíveis com uma licença comercial. O SonarQube está disponível gratuitamente ao abrigo da licença GNU Lesser General Public License. Existe também uma versão empresarial para licenças pagas, bem como uma edição para centros de dados que suporta alta disponibilidade. O SonarQube integra-se com os ambientes de desenvolvimento Visual Studio, Eclipse e IntelliJ IDEA utilizando os plug-ins SonarLint, bem como ferramentas externas como LDAP, GitHub, Active Directory, etc. O SonarQube pode ser alargado através de plug-ins [26].

3. Ferramenta de teste Python

A estrutura de testes unitários **unittest foi** originalmente inspirada pelo JUnit e tem um sabor semelhante às principais estruturas de testes unitários noutras linguagens. Suporta a automatização de testes, a partilha de código de configuração e encerramento de testes, a agregação de testes em colecções e a independência dos testes em relação à estrutura de relatórios. A estrutura de testes unitários Python, por vezes chamada PyUnit. O unittest suporta a automatização de testes, a partilha de código de configuração e paragem de testes, a agregação de testes em colecções e a independência dos testes em relação à estrutura de relatórios. O módulo unittest fornece classes que facilitam o suporte destas qualidades para um conjunto de testes.

Para conseguir isso, o unittest suporta uma série de conceitos importantes:

Dispositivo de teste

Um cenário de teste representa a pesquisa necessária para realizar um ou mais testes, juntamente com todas as acções de limpeza associadas. Isto pode envolver, por exemplo, a criação de bases de dados ou directórios temporários ou proxy, ou o lançamento de um processo de servidor.

Casos de teste

Um caso de teste é a menor unidade de teste. Ele verifica uma resposta específica para um conjunto particular de entradas. O unittest fornece uma classe base, TestCase, que pode ser usada para criar novos casos de teste.

Conjunto de testes

Um conjunto de testes é um conjunto de conjuntos de testes, casos de testes ou ambos. É utilizado para agrupar testes que precisam de ser executados em conjunto.

Executante de testes

Um executor de testes é uma secção que orquestra a execução de testes e fornece o resultado ao utilizador. O executor pode utilizar uma interface gráfica, uma interface textual ou devolver um valor especial para indicar os resultados da execução do teste.

Os conceitos de caso de teste e dispositivo de teste são suportados pelas classes TestCase e FunctionTestCase; o primeiro deve ser usado ao criar novos testes e o segundo pode ser usado ao integrar o código de teste existente com uma estrutura orientada por unittest. Ao criar dispositivos de teste usando TestCase, os métodos setUp() e tearDown() podem ser substituídos para garantir que o dispositivo seja inicializado e limpo. Com FunctionTestCase, as funções existentes podem ser passadas para o construtor para este fim. Quando o teste é executado, a inicialização do dispositivo é executada primeiro; se for bem-sucedida, o método de limpeza é executado após a execução do teste, independentemente do resultado do teste. Cada instância do TestCase será usada para executar apenas um método de teste, portanto, um novo ambiente é criado para cada teste.

Os conjuntos de testes são implementados pela classe TestSuite. Esta classe é utilizada para agregar testes individuais e conjuntos de testes. Quando o conjunto é executado, todos os testes adicionados diretamente ao conjunto e os conjuntos de testes filhos são executados.

Um executor de teste é um objeto que fornece um único método, run(), que aceita um objeto TestCase ou TestSuite como parâmetro e retorna um objeto de resultado. A classe TestResult é fornecida para uso como o objeto de resultado. O unittest fornece o TextTestRunner como uma ilustração da execução do teste, que por padrão relata os resultados do teste no fluxo de erro padrão. Outros executores podem ser implementados para outros ambientes (como ambientes gráficos) sem a necessidade de derivar de uma classe específica [27-28].

pytest é uma ferramenta de teste Python madura e cheia de recursos que ajuda a escrever programas melhores. O framework pytest facilita a escrita de pequenos testes, enquanto se adapta para suportar testes funcionais complexos para aplicações e bibliotecas. pytest é a ferramenta que permite executar qualquer coisa, sem necessidade de api, sem modelo, use-a a menos que você tenha uma razão para não testar o framework. É aqui que os testes se tornam divertidos. doctest e unittest vêm ambos com Python. Eles são muito poderosos por si só e você deve aprender a usá-los em pelo menos alguns exemplos de brinquedo, pois isso lhe dá uma estrutura mental para olhar para outros frameworks de teste. Mas isto é Python. Nós temos capacidades de introspeção e execução muito poderosas, e escondemos informações incrivelmente pequenas. Pytest tira proveito disso [29].

Testes automatizados para aplicações **Django usam o** suporte de teste fundamental embutido na linguagem Python: doctests e testes unitários. É gratuito e de código aberto. O Django fornece uma API e ferramentas para este tipo de integração. O Django cria uma interface fácil de usar para gerenciar a autenticação. O Django facilita a criação de melhores aplicações Web, mais rapidamente e com menos código. Django é uma estrutura Web Python de alto nível que promove o desenvolvimento rápido e um design limpo e pragmático. Criada por programadores experientes, trata de muitos dos problemas do desenvolvimento Web, para que nos possamos concentrar em escrever aplicações sem ter de reinventar a roda.

Ridiculamente rápido: O Django foi concebido para ajudar os programadores a levar as suas aplicações da conceção à produção o mais rapidamente possível.

Extremamente escalável: Alguns dos sites mais movimentados da Web contam com a capacidade do Django de evoluir rapidamente e com flexibilidade.

Segurança tranquilizadora: O Django leva a segurança a sério e ajuda os programadores a evitar muitos erros de segurança comuns [30].

O Pylint é um analisador de código-fonte Python que procura erros de programação, ajuda a impor um padrão de codificação e detecta odores de código. O Pylint tem muitas regras activadas por defeito, demasiadas para as silenciar todas num programa de tamanho mínimo. É altamente configurável e verifica a existência de erros no seu código. Além disso, pode escrever plugins para adicionar as suas próprias verificações. O Pylint é um verificador de código fonte, de erros e de qualidade para a linguagem de programação Python. Segue o estilo recomendado pelo PEP 8, o guia de estilo Python. É semelhante ao Pychecker e ao Pyflakes, mas inclui as seguintes características:

- Verificar se os nomes das variáveis são formados de acordo com a norma de codificação do projeto.
    - Verificar o comprimento de cada linha
    - Verificar se as interfaces declaradas são efetivamente implementadas
- Está também preparado com o módulo Pyreverse para gerar diagramas UML a partir de código Python.
- Pode ser utilizado como um programa autónomo, mas também se integra em IDEs como o Eclipse com PyDev, Visual Studio e editores como o Atom e o Vim.
    - Foi objeto de críticas favoráveis [31].

4. NECESSIDADE DE FERRAMENTAS DE TESTE DE SOFTWARE

O teste de software é uma atividade que garante que os resultados reais correspondem aos resultados esperados e que o software está isento de defeitos. Envolve a execução de um componente de software ou de um componente de sistema para avaliar uma ou mais propriedades. Pode ser efectuado manualmente ou através de ferramentas. As ferramentas de teste de software permitem identificar erros, lacunas ou requisitos em falta em relação aos requisitos reais [32-33].

A ferramenta de teste de software é necessária para verificar a funcionalidade, a documentação e o funcionamento previstos. Os testes em vários dispositivos e sistemas operativos garantem que o software funciona para o maior número possível de utilizadores. Garante que o desempenho da aplicação é suficiente e que os utilizadores estão satisfeitos com a mesma. Quando o produto entregue é de alta qualidade, ajuda a ganhar a confiança dos utilizadores. O teste de software com execução rigorosa de testes garante custos de manutenção mínimos. Não pode haver falhas, pois estas podem ser muito dispendiosas nas fases posteriores do desenvolvimento [34-36].

A ferramenta de teste de software é necessária para garantir a qualidade do produto e a satisfação do utilizador. Também traz benefícios através da experiência do utilizador. O software deve ser compreensível, simples e fácil de utilizar. O maior benefício dos testes de software é a otimização da atividade da empresa. Esta otimização traduz-se em utilizadores mais satisfeitos, maior fidelidade dos utilizadores, redução dos custos de reparação dos produtos, redução dos custos de assistência aos utilizadores, melhoria da qualidade, melhoria da reputação, produtos mais fiáveis e melhoria da imagem da marca. Embora, por vezes, seja difícil explicar a importância dos testes, estes não devem ser medidos apenas em termos de custos e de tempo, mas sim em termos do elevado valor que proporcionam [37-38].

5. ANÁLISE

Nesta secção, são analisadas as ferramentas de teste Java. Existem várias ferramentas de teste que são utilizadas para incorporar a qualidade do software. A principal ferramenta de teste Java é o :

1. Testwell CMTJava - Ferramenta de medição da complexidade do código para Java

O CMTJava ajuda a localizar funções problemáticas e ficheiros de código complexos a partir de código extenso, para que possam ser avaliados separadamente. A complexidade do código tem um efeito na dificuldade de testar e manter o programa.

Porque é que a análise da complexidade do código é importante :

- A complexidade do código está relacionada com a taxa de defeitos e a robustez da aplicação.
    - O código complexo é difícil de testar. Há mais erros na aplicação final.
    - O código complexo é difícil de manter
- É por esta razão que várias normas (como a ISO 26262) exigem a aplicação de um código de baixa complexidade.
- Um código desnecessariamente complexo é muitas vezes a causa da má qualidade do código e de programas incorrectos.
    - O código complexo é difícil de testar e manter
- Como os custos de programas errados e de má qualidade podem ser muito elevados, as aplicações de complexidade razoável ajudam-nos a poupar dinheiro.

Isto é medido pelo Testwell CMTJava :

Com base nas propriedades estáticas do código do programa, o CMTJava fornece estimativas do risco de erro no código-fonte do programa devido à sua complexidade, ao tempo que será necessário para compreender o código, ao volume lógico do código, etc. Como a equipa do projeto geralmente não tem tempo para inspecionar todo o código produzido pelo projeto, o CMTJava pode ajudar a localizar os módulos com maior probabilidade de causar problemas no futuro [39].

O Testwell CMTJava analisa os programas Java relativamente aos seguintes parâmetros:

a) Medição de linhas de código (LOC)

LOCbl	número de linhas em branco
LOCcom	número de linhas com comentários
LOCphy	número de linhas físicas
LOCpro	número de linhas com código de programa

b) Medições de Halstead

B	número estimado de erros
D	nível de dificuldade, propensão para cometer erros
E	esforço de implementação
L	nível do programa (nível de abstração do programa)
N	duração do programa
N1	número de operadores
N2	número de operandos
n	dimensão do vocabulário (operadores únicos + operandos únicos)
n1	número de operadores individuais
n2	número de operandos únicos
T	tempo para implementar / tempo para compreender

V	volume: tamanho da implementação do algoritmo

c) Número ciclomático de McCabe v(G) O número ciclomático v(G) descreve a complexidade do fluxo de controlo de um programa.

d) Índice de facilidade de manutenção

O índice de facilidade de manutenção é calculado utilizando determinadas fórmulas baseadas em medições da linha de código, medições McCabe e medições Halstead. A medição e o controlo da capacidade de manutenção visam reduzir ou inverter a tendência de um sistema para a entropia do código ou para a degradação da integridade e indicar quando se torna mais barato e menos arriscado reescrever o código em vez de o modificar.

Características do Testwell CMTJava :

- Mede ficheiros originais, não pré-processados
- Extremamente rápido analisa as suas aplicações em apenas alguns minutos
- Pode tratar ficheiros grandes
- As medições dos relatórios HTML ou de texto podem ser posteriormente processadas pelo Excel.
- Integração da interface gráfica no Visual C++ Developer Studio
- Disponível numa vasta gama de plataformas: Windows, Linux, HP, Solaris

Verybench: Interface com várias vistas gráficas

O Verybench é uma interface gráfica do utilizador para a ferramenta de medição da complexidade do código Testwell CMT++. Facilita a colaboração entre gestores, programadores, engenheiros de qualidade e de testes e contribui para a qualidade do código-fonte. Acelera a compreensão das métricas por toda a equipa de desenvolvimento, e não apenas pelos indivíduos envolvidos na melhoria da qualidade do software. O Verybench tem dois tipos principais de vistas: vistas de painel e vistas de métricas [40].

2. SonarQube

O SonarQube é uma plataforma de código aberto para a inspeção contínua da qualidade do código.

Características :

- Fornece relatórios sobre código duplicado, normas de codificação, testes unitários, cobertura de código, complexidade do código, vulnerabilidades de segurança e erros.
  - Regista o histórico de medições e fornece gráficos de tendências
- Fornece análises totalmente automatizadas, integra-se com Ant, Maven, MSBuild, Gradle e várias ferramentas de integração contínua (Atlassian Bamboo, Jenkins, Hudson, etc.).
- Integração com os ambientes de desenvolvimento IntelliJ IDEA, Visual Studio e Eclipse utilizando os plugins SonarLint.
  - Integração com ferramentas externas: LDAP, Active Directory, GitHub, etc.
  - pode ser alargado através de plugins

O SonarSource fornece o que é provavelmente o melhor analisador de código estático para Java. Baseado na interface do compilador Java, utiliza as técnicas mais avançadas (filtragem, análise de fluxo de dados) para analisar o código e encontrar códigos maliciosos, bugs e vulnerabilidades de segurança. Todos os produtos SonarSource são desenvolvidos de acordo com os seguintes princípios: profundidade, precisão e velocidade. O SonarJava beneficia de uma cobertura alargada de normas de qualidade bem estabelecidas. A capacidade do SonarJava está disponível no Eclipse e no IntelliJ para os programadores (SonarLint), bem como em toda a cadeia de desenvolvimento para a revisão automática do código com o SonarQube no local ou em linha sonarqube.com [41-42].

3. Codificação

Codacy é uma plataforma de revisão automática de código para as linguagens de programação Python, Ruby, PHP, Java, JavaScript e Scala. Incorpora várias ferramentas de análise estática de código aberto e também oferece regras de outras ferramentas desenvolvidas internamente. Os utilizadores podem verificar o código quanto a problemas de segurança e duplicação, precisão, complexidade, estilo de codificação e outras métricas. A plataforma também analisa os registos das ferramentas de cobertura de código e apresenta a evolução da cobertura de código juntamente com outras métricas de software.

O Codacy é configurável, pelo que pode ativar ou desativar modelos de código. Integra-se com o GitHub, o Bitbucket, o YouTrack, o Heroku, o HipChat, o JIRA e o Slack. O Codacy também oferece uma versão Enterprise que é executada em servidores de clientes e se integra com Jenkins, GitHub Enterprise, Bitbucket Server e GitLab. O Codacy é gratuito para projectos de software de código aberto e oferece contas pagas para programadores de software que pretendam repositórios privados [43].

4. Coverity

Coverity é uma marca de produtos de desenvolvimento de software da Synopsys, que consiste principalmente em ferramentas de análise de código estático e de análise de código dinâmico. Estas ferramentas permitem aos engenheiros encontrar defeitos e falhas de segurança no código-fonte escrito em C, C++, Java, C# e JavaScript [44].

O Coverity Code Advisor é uma ferramenta de análise de código estático para C, C++, C#, Java e JavaScript. É derivado do Stanford Checker, uma ferramenta de investigação para encontrar erros através da análise estática. A análise estática do código permite detetar defeitos e falhas de segurança no código-fonte sem o executar. Também conhecida como teste estático de segurança de aplicações (SAST), é utilizada para melhorar a qualidade e a segurança do software através da automatização nos sectores IoT, automóvel, médico, empresarial, nuvem, móvel, social, economia de partilha, analítica e ciclo de vida de desenvolvimento de software crítico [45].

5. LDRA

O LDRA Testbed fornece os principais mecanismos de análise estática e dinâmica para software hospedeiro e incorporado. O LDRA Testbed ajuda a aplicar padrões de codificação como MISRA, JSF++ AV, CERT C, CWE, e fornece visibilidade de falhas de software que poderiam escapar do processo padrão de construção e teste para se tornarem problemas latentes. Além disso, o feedback sobre a eficácia dos testes é fornecido através de relatórios de análise de cobertura estrutural que cumprem os requisitos do DO-178B até ao nível A, inclusive.

As medidas de qualidade, como as medidas de complexidade de Halstead, a complexidade ciclomática e as métricas de nós, são concebidas para verificar se o código é claro, sustentável e testável. O relatório de qualidade do conjunto de ferramentas LDRA fornece um resumo e uma análise pormenorizada das métricas de qualidade deduzidas durante a análise estática [46].

O LDRA TBvision é o ambiente interativo do LDRA Testbed que lhe permite visualizar facilmente a conformidade do código e as métricas de qualidade e corrigir rapidamente os defeitos identificados no código-fonte. Com 40 anos de experiência em análise de código para aplicações críticas de segurança, segurança e negócios, o LDRA Testbed e o TBvision dão-lhe total confiança no seu projeto de desenvolvimento de software.

- LDRA Aumente a produtividade com testes automatizados de unidade e integração usando o TBrun
- Garantir a qualidade e a segurança do software, testando, analisando e acompanhando os requisitos

TBrun automatiza e aumenta o rendimento e a repetibilidade dos testes para aumentar significativamente a eficiência geral dos testes. Os programadores de software que procuram desenvolver código da mais alta qualidade da forma mais rentável estão a utilizar testes automatizados de unidade e integração para evitar os potenciais atrasos causados por estratégias ineficientes de testes manuais de baixo nível. Estas técnicas tradicionais são frequentemente inadequadas e adiam a descoberta e a correção de defeitos para uma fase posterior do teste do sistema, em que a sua correção é mais dispendiosa [47].

6. Yasca

O Yasca é um programa de código aberto que analisa o código-fonte de um programa em busca de falhas de segurança, qualidade do código, desempenho e conformidade com as melhores práticas. Baseia-se em programas externos de código aberto, tais como FindBugs, PMD, JLint, JavaScript Lint, PHPLint, Cppcheck, ClamAV, Pixy e RATS para analisar tipos de ficheiros específicos, e também contém muitos scanners personalizados desenvolvidos para o Yasca. É uma ferramenta de linha de comando que gera relatórios em HTML, CSV, XML, MySQL, SQLite e outros formatos. Está na lista de projectos inactivos do famoso projeto de segurança OWASP, bem como numa análise das ferramentas de segurança de software do governo no sítio Web do Departamento de Segurança Interna dos EUA [48-49].

7. AppPerfect- Teste de código Java

A localização e correção de problemas de desempenho durante a fase de desenvolvimento do código fonte é provavelmente a forma mais barata de resolver problemas. À medida que o seu projeto passa da fase de desenvolvimento para a fase de teste e implementação, o custo da resolução de problemas aumenta exponencialmente. Ao efetuar a análise do código-fonte e ao identificar e corrigir com êxito todos estes problemas, os programadores de software podem eliminar potenciais riscos e custos no início do ciclo de vida do desenvolvimento do software [50].

O teste do código Java envolve testar o código-fonte Java em relação às regras de codificação padrão da indústria e garantir que o código-fonte Java é estável, optimizado, consistente, portátil e compatível com as normas de codificação. O teste automatizado do código Java é mais eficiente e menos propenso a erros do que as revisões manuais do código. Os testes de código Java proporcionam um exame exaustivo e preciso que verifica todos os casos definidos. Os testes automatizados de código Java estimulam o desenvolvimento, reduzem os custos e melhoram a qualidade da aplicação, executando uma função de teste ou revisão de código com maior consistência e num tempo muito mais curto. A execução manual destes testes precisos é entediante, dolorosa e dispendiosa. O teste automatizado do código Java também dá ao gestor de projeto a capacidade e a flexibilidade de aplicar normas de codificação e medidas estatísticas de controlo da qualidade. Os indicadores de dimensão, complexidade e densidade do código podem ser calculados através de testes automatizados do código Java, o que contribui para o controlo da qualidade do código [51].

A análise das ferramentas de teste da programação Java é apresentada no quadro 3. Cada ferramenta é utilizada de acordo com um objetivo e um requisito específicos. Se for necessária a facilidade de manutenção, são seleccionados o Testwell CMTJava e o LDRA Testbed. Para a exatidão, são utilizados o SonarQube e o Codacy. Para a segurança, são utilizados o Codacy, o Coverity e o Yasca.

Tabela 3: Análise das ferramentas de teste de programação Java

Programação Java Ferramentas de teste	**Atributos de qualidade**
Testwell CMTJava	Capacidade de manutenção
SonarQube	Precisão
Codificação	Precisão e segurança
Coverity	Segurança
Banco de ensaio LDRA	Clareza, facilidade de manutenção e testabilidade
Yasca	Segurança e desempenho
AppPerfect	Estabilidade, otimização, Consistência e portabilidade

O banco de ensaios LDRA é igualmente utilizado para efeitos de clareza e de testabilidade. Para o desempenho, é adaptada a ferramenta Yasca. A AppPerfect é utilizada para estabilidade, otimização, coerência e portabilidade [52].

6. CONCLUSÃO

Este livro apresenta uma panorâmica das diferentes ferramentas de teste e compara as principais ferramentas de teste Java. As ferramentas de teste Java são analisadas com base em vários atributos de qualidade. A análise mostra que a escolha da ferramenta de teste depende dos requisitos. Se for necessária a facilidade de manutenção, são seleccionados o Testwell CMTJava e o LDRA Testbed. Para a exatidão, são utilizados o SonarQube e o Codacy. Para a segurança, são utilizados o Codacy, o Coverity e o Yasca. O LDRA Testbed é também utilizado para efeitos de clareza e testabilidade. Para o desempenho, é utilizada a ferramenta Yasca. A AppPerfect é utilizada para estabilidade, otimização, coerência e portabilidade.

REFERÊNCIAS

https://spectrum.ieee.org/static/interactive-the-top-programming-languages-2018

https://spectrum.ieee.org/at-work/innovation/the-2018-top-programming-languages

D. M. Ritchie, "The development of the C programming language," In History of Programming languages II, pp. 671-698, ACM, Jan 1996.

B. Stroustrup, "An overview of the C++ programming language", Handbook of object technology, 1999.

K. Arnold, J. Gosling e D. Holmes, "The Java programming language (Vol. 2)", Addison wesley, 2000.

G. Van Rossum, "Python Programming Language", In USENIX Annual Technical Conference, Vol. 41, p. 36, junho de 2007.

B. Stroustrup, "C and C++: Siblings", CC Plus Plus Users Journal, Vol. 20, No. 7, pp. 28-36, 2002.

T. E. Oliphant, "Python for scientific computing", Computing in Science & Engineering, Vol. 9, No. 3, 2007.

Learneroo, "Que linguagem de programação aprender?" Blogue Learneroo, 2016. https://www.learneroo.Com/modules/9/nodes/620

S. Wolfram, "Who uses mathematica?". The Mathematical Journal, Addison Wesley Publishing Co, Vol. 1, Issue 1, verão de 1990.
https://stephenwolfram.com/publications/academic/who-uses-mathematica.pdf

B. Singh e S. P. Kannojia, "Languages and Their Importance in Quality Software," In IEEE International Conference on Communication Systems and Network Technologies (CSNT), pp. 956-959, maio de 2012.

P. Sujatha, G. V. Sankar, A. S. Rao e T. Satyanarayana, "The Role of Software Verification and Validation in Software Development Process", IETE Technical Review, Vol. 18, Issue 1, pp. 23-26, Jan. 2001.

A. Bertolino, "Software testing research: Achievements, challenges, dreams," In Future of Software Engineering, IEEE Computer Society, pp. 85-103, maio de 2007.

V. R. Basili e R. W. Selby, "Comparing the effectiveness of software testing strategies", IEEE transactions on software engineering, Vol. 12, pp. 1278-1296, Dez. 1987.

J. A. Whittaker, "O que é o teste de software? E porque é que é tão difícil?" IEEE software, Vol. 17, No. 1, pp.70-79, Jan 2000.

http://www.guru99.com/software-testing-introduction-importance.html

http://www.embunit.com

M. J. Karlesky, W. I. Bereza e C. B. Erickson, "Effective test driven development for embedded software", In IEEE International Conference on Electro/information Technology, pp. 382-387, maio de 2006.

http://www.vectorcast.com/software-testing-products

C. Mao e Y. Lu, 2007, "CppTest: A Prototype Tool for Testing C/C++ Programs," In IEEE Second International Conference on Availability, Reliability and Security, ARES 2007, pp. 1066-1073, abril de 2007.

D. Matjamaki, "Cppcheck: uma ferramenta para análise estática de código C/C++," 2007 http://cppcheck.sourceforge.net/

https://www.codeproject.com/Articles/11453/TILO-An-Automated-Unit-Testing-Tool- para-C e-C

G. Chatzieleftheriou e P. Katsaros, "Test-driving static analysis tools in search of C code vulnerabilities," In IEEE 35th Annual Computer Software and Applications Conference Workshops COMPSACW-2011, pp. 96-103, julho de 2011.

L. Madeyski e N. Radyk, "Judy-a mutation testing tool for Java," IET software, Vol. 4, No. 1, pp.32-42, Jan 2010.

N. Rai, "An Automated Tool for Computing Software Metrics," In Undergraduate Research Symposium, p. 18, 19 de abril de 2006.

M. R. Dale e C. Izurieta, "Impacts of design pattern decay on system quality," In Proceedings of the 8th ACM/IEEE International Symposium on Empirical Software Engineering and Measurement, p. 37, Sep 2014.

https://docs.python.org/3/library/unittest.html

X. Bai e M. Sadeghi, "IT Module Based Test Automation Framework", In Eighth International Conference on Information Technology: New Generations, ITNG 2011, pp. 263-267, abril de 2011.

A. Pajankar, "pytest- In Python Unit Test Automation", Apress, pp. 87-100, 2017.

J. McGaw, "Django Testing- In Beginning Django E-Commerce, Apress, pp. 299-321, 2009.

S. Sripada, Y. R. Reddy, e A. Sureka, "In support of peer code review and inspection in an undergraduate software engineering course," In IEEE 28th Conference on Software Engineering Education and Training, CSEET 2015, pp. 3-6, maio de 2015.

A. Podgurski e L. A. Clarke, "A formal model of program dependencies and its implications for software testing, debugging, and maintenance," IEEE Transactions on software Engineering, Vol. 16, No. 9, pp. 965-979, Sep 1990.

B. Hailpern e P. Santhanam, "Software debugging, testing, and verification," IBM Systems Journal, Vol. 41, No. 1, pp. 4-12, Jan 2002.

D. Gelperin e B. Hetzel, "The growth of software testing", Communications of the ACM, Vol. 31, No. 6, pp. 687-695, junho de 1988.

P. Karhapaa, A. Haghighatkhah e M. Oivo, "O que sabemos sobre o alinhamento da engenharia de requisitos e dos testes de software?" Em Proceedings of the ACM 21st International Conference on Evaluation and Assessment in Software Engineering, pp. 354-363, junho de 2017.

R. Kaur e I. Singla, "Otimização das técnicas de teste de software", International Journal for Scientific Research & Development, Vol. 2, Issue 03, pp. 1762-1765, Mar 2014.

S. R. Jan, S. T. Shah, Z. U. Johar, Y. Shah e F. Khan, "An Innovative Approach to Investigate Various Software Testing Techniques and Strategies," International Journal of Scientific Research in Science, Engineering and Technology- IJSRSET, pp. 23951990, março-abril de 2016.

V. Garousi e M. V. Mantyla, "Quando e o que automatizar nos testes de software? A multi-vocal literature review," Information and Software Technology, Vol. 76, pp. 92117, Aug 2016.

http://www.verifysoft.com/en_cmtx.html

http://www.verifysoft.com/verybench/index.html

https://www.sonarqube.org/

G. Campbell e P. P. Papapetrou, "SonarQube in action", Manning Publications Co, 2013.

https://www.codacy.com/

www.coverity.com/

https://www.synopsys.com/software-integrity/security-testing/static-analysis-sast.html

www.ldra.com/en/testbed-tbvision

J. B. Michael, B. J. Bossuyt e B. B. Snyder, "Metrics for measuring the effectiveness of software-testing tools," In Proceedings on IEEE 13th International Symposium Software Reliability Engineering, ISSRE 2003, pp. 117-128, 2002.

http://www.scovetta.com/yasca.html

M. Scovetta, "YASCA-Yet Another Source Code Analyzer", 2009.

http://www.appperfect.com/index.php

K. Daimi, S. Banitaan e K. Liszka, "Examining the performance of java static analyzers", In Proceedings of the International Conference on Software Engineering Research and Practice (SERP), The Steering Committee of The World Congress in Computer Science, Computer Engineering and Applied Computing, WorldComp, Jan. 2013.

A. P. Mathur, "Performance, effectiveness, and reliability issues in software testing," In

Proceedings of the IEEE Fifteenth Annual International Computer Software and Applications Conference, COMPSAC'91, pp. 604-605, Sept 1991.

MIX
Papier aus verantwortungsvollen Quellen
Paper from responsible sources
FSC® C105338

Printed by Books on Demand GmbH, Norderstedt / Germany